DU DANGER

DES

Inhumations Précipitées

des Modifications
à apporter à l'Art. 77 du Code civil

PAR

V. TAMBURINI O. I.

ANCIEN AVOCAT A LA COUR D'APPEL

ET ANCIEN ADJOINT AU MAIRE DU XVIIe ARRONDISSEMENT DE PARIS

JUGE DE PAIX DU CANTON D'ARGENTEUIL (S.-ET-O.)

Prix : 1 franc

ARGENTEUIL

IMPRIMERIE JULES MOREAU, 9, RUE DE LA LIBERTÉ

1908

DU DANGER

DES

Inhumations Précipitées

des Modifications
à apporter à l'Art. 77 du Code civil

PAR

V. TAMBURINI O. I.

ANCIEN AVOCAT A LA COUR D'APPEL

ET ANCIEN ADJOINT AU MAIRE DU XVIIe ARRONDISSEMENT DE PARIS

JUGE DE PAIX DU CANTON D'ARGENTEUIL (S.-ET-O.)

Prix : 1 franc

ARGENTEUIL

IMPRIMERIE JULES MOREAU, 9, RUE DE LA LIBERTÉ

1908

DU DANGER

DES

Inhumations Précipitées

ET

des Modifications
à apporter à l'Art. 77 du Code civil

———

Tous les auteurs enseignent que l'art. 77 du Code civil a été proposé et finalement adopté par le législateur de 1804 dans le but de parer au danger des inhumations précipitées qui étaient la règle sous l'ancien régime. Autrefois, en effet, les inhumations se faisaient, pour ainsi dire, sans contrôle de la part de l'Administration publique ; il semblait que ce fût une affaire qui ne concernait que la famille, ou, à défaut de famille, les proches du défunt. Ceux-ci, se préoccupant exclusivement du repos de l'âme d'un mort plus ou moins authentique, s'empressaient de se mettre en règle avec le clergé local, commandaient précipitamment des prières et un service funèbre et, au premier symptôme de mort apparente, enfouissaient le parent ou l'ami, quelques heures seulement après le décès.

Personne n'échappait à cette hâte véritablement criminelle, à ce besoin qu'on éprouvait alors de se débarrasser des dépouilles mortelles ; les riches comme les pauvres, les citadins comme les paysans étaient inhumés sans que l'on eût cherché à s'assurer scientifiquement de la réalité de leur mort ; et, du Nord au Midi, de l'Est à l'Ouest, partout en France on agissait à l'égard des défunts présumés avec la même insouciance et la même condamnable légèreté.

Il y eut, est-il besoin de le dire, et cela pendant de longs siècles, de nombreuses et terribles erreurs d'inhumation. Aussi, pour éviter le retour de scandales de cette nature, les rédacteurs du Code civil édictèrent-ils les règles de l'art. 77, ainsi conçu :

Aucune inhumation ne sera faite sans une autorisation sur papier libre et sans frais de l'officier de l'état civil, qui ne pourra la délivrer qu'après s'être transporté au domicile de la personne décédée pour s'assurer du décès, et que vingt-quatre heures après le décès, hors les cas prévus par les Règlements de police.

En cas d'inexécution de ces prescriptions, l'officier de l'état civil est passible des peines édictées par l'art. 358 du Code pénal, ainsi conçu :

Ceux qui, sans l'autorisation préalable de l'officier public, dans le cas où elle est prescrite, auront fait inhumer un individu décédé, seront punis de six jours à deux mois d'emprisonnement et d'une amende de 16 francs à 50 francs ; sans préjudice de la poursuite des crimes dont les auteurs de ce délit pourraient être prévenus dans cette circonstance.

La même peine aura lieu contre ceux qui auront contrevenu, de quelque manière que ce soit, à la loi et aux règlements relatifs aux inhumations précipitées.

Tel est aujourd'hui l'état de la législation en ce qui concerne la réglementation des inhumations. L'art. 77 du Code civil n'a pas été modifié depuis 1804 ; seulement, dans la pratique, et presque exclusivement dans les villes de quelque importance, le maire évite de s'assurer lui-même des décès et délègue à cet effet un médecin, dit médecin de l'état civil.

Or, il s'agit de savoir si l'art. 77 du Code civil, même modifié, dans la pratique, par l'usage qui confie dans certaines localités à des médecins le soin de constater la réalité des décès, offre une garantie suffisante contre le retour d'un danger qui cause à tant de gens de légitimes épouvantes ? Autrement dit si, depuis l'apparition du Code civil, nous n'avons à déplorer que quelques rares erreurs d'inhumation.

Il est bien entendu qu'il ne saurait être question ici de statistiques officielles, car l'Administration publique, qui ne se fait pas faute pourtant de prescrire des enquêtes dans des circonstances certainement moins graves, n'a pas songé jusqu'ici, du moins à notre connaissance, à publier un tableau quinquennal ou peut-être même seulement décennal des erreurs d'inhumation officiellement constatées. Ces résultats rendus publics présenteraient pourtant le grand avantage de rappeler aux officiers de l'état civil la nécessité d'agir de la façon la plus scrupuleuse en matière de constatation de décès, et d'éveiller l'attention de chacun sur le danger que l'on court soi-même et que l'on fait courir aux autres en n'entourant pas les inhumations ou les incinérations du maximum de garanties possible.

Il va sans dire que nous ne prétendons pas avoir recueilli sur la matière toutes les données et tous les documents privés qui permettraient de suppléer aux statistiques officielles ; nous allons, en effet, nous borner à rappeler les cas d'inhumations précipitées les plus récents et les plus retentissants en laissant de côté les récits non contrôlés et qui ont pu être l'œuvre d'imaginations en délire ou, plus simplement, de journalistes à court de copie.

Le cas du cardinal Donnet, archevêque de Bordeaux, a causé, en 1866, un grand émoi dans toutes les classes de la société ; le prélat, en effet, avait failli être la victime d'une méprise de son médecin et, sa mort ayant été à tort proclamée par un des praticiens les plus renommés de Bordeaux, il aurait été infailliblement enterré vivant si, au moment d'être enfermé dans le cercueil, il n'avait fait un mouvement, un geste qui, surpris par les assistants, aurait arrêté court la cérémonie funèbre et permis à l'archevêque de revenir à la vie. Le récit dramatique de cette erreur de diagnostic, qui eût pu être fatale, a été fait, le 27 février 1866, à la tribune du Sénat par le prélat lui-même qui, en sa qualité de cardinal, faisait de droit partie de la Haute-Assemblée. L'archevêque de Bordeaux profita de la circonstance pour attirer l'attention des pouvoirs publics sur le danger des inhumations précipitées et pour appeler sur les auteurs responsables de ces épouvantables erreurs les sanctions nécessaires.

Ce qui frappe tout d'abord dans le cas du cardinal Donnet, c'est qu'une erreur aussi grossière ait pu être commise dans une ville comme Bordeaux, dans une société aussi instruite et aussi éclairée que celle qui entoure d'habitude les hauts dignitaires de l'Eglise, et, enfin, par un médecin qui ne devait pas être le premier venu étant donné la situation élevée occupée dans la hiérarchie sociale par le pseudo-défunt. Et l'on ne peut s'empêcher de songer avec angoisse aux erreurs de ce genre qui ont dû se produire dans les petites localités où il n'y a pas de médecins ou du moins où il n'y a que des médecins souvent peu expérimentés, ainsi que dans les milieux rustiques ou ignorants.

J'ai eu l'occasion de faire récemment une expérience personnelle de cette rusticité et de cette ignorance ; il s'agissait d'un accident du travail survenu à un employé de la Compagnie des chemins de fer de l'Ouest ; celui-ci était décédé plusieurs mois après l'accident et je procédais à l'enquête prévue par la loi du 9 avril 1898 pour établir les droits de la veuve à une rente viagère. L'accident était survenu à Argenteuil, mais le blessé était mort en Bretagne, son pays natal, où il s'était rendu pensant hâter sa guérison. Je demandai à la veuve dans quelles circonstances s'était produit le décès de son mari ; elle l'ignorait. Je lui demandai ensuite combien de temps avait duré la dernière maladie et quels en avaient été les symptômes ; elle n'en savait rien non plus. Je parlai alors de la nécessité d'obtenir communication du certificat délivré par le médecin de l'état civil : la veuve me répondit alors qu'il n'y avait eu ni médecin traitant ni médecin de l'état civil, et que son mari avait été inhumé sur la seule autorisation du maire de la localité.

Est-il possible qu'en 1908 un homme disparaisse aussi simplement, sans qu'il soit possible de déterminer pourquoi ni comment il est mort ! Cet homme, d'ailleurs, n'était peut-être pas mort du tout et l'officier de l'état civil aura pu délivrer le permis d'inhumer à l'occasion d'une simple syncope, cause de tant d'erreurs. Cette supposition n'a rien d'invraisemblable et le maire, peut-être illettré, d'une petite bourgade de la lointaine Bretagne est sujet à se méprendre comme s'est mépris, en 1866, le praticien qui soignait le cardinal Donnet.

Toujours est-il que le patron responsable de l'accident dont je viens de parler s'est retranché derrière l'impossibilité où l'on se trouvait de rattacher la mort survenue en Bretagne à l'accident qui avait eu lieu à Argenteuil, pour dénier à la veuve tout droit à une rente viagère. Je prends acte de ce fait qui ne présente d'ailleurs aucun caractère exceptionnel pour signaler d'ores et déjà le vice fondamental de l'art. 77 du Code civil.

En 1884, l'abbé Guigon, alors curé de la paroisse du Bon-Pasteur, à Marseille, attira l'attention publique sur l'aventure suivante survenue à l'une de ses paroissiennes. Ceci se passait au plus fort de l'épidémie cholérique qui sévit pendant quelque temps dans notre grand port méditerranéen. L'abbé Guigon avait donc été appelé précipitamment auprès d'une malade âgée de soixante ans qui réclamait les derniers sacrements ; il les administra sans tarder et le lendemain, sur le vu d'un certificat de décès, dûment signé par le médecin de l'état civil, le curé délivrait un bulletin d'enterrement gratuit pour indigent. Presque au même moment, il était appelé auprès de la fille de la défunte qui, surprise à son tour par une attaque de choléra, était à toute extrémité. Le curé du Bon-Pasteur retourna donc en toute hâte dans la maison où, la veille déjà, il était venu remplir les soins de son ministère et quelle ne fut pas sa stupéfaction de voir la morte de la veille qui remuait dans son lit. Il appela aussitôt les personnes qui s'empressaient autour du chevet de la fille. Il était temps car, quelques minutes plus tard, les employés des pompes funèbres venaient prendre la morte vivante pour la conduire à l'église et de là au cimetière.

Cette aventure, colportée dans tout Marseille, y produisit la plus vive émotion. Car bien des parents se demandèrent avec anxiété si, dans l'affolement de l'épidémie et par crainte de la contagion, ils n'avaient pas laissé emporter dans les profondeurs du cimetière quelques-uns des leurs en état de syncope, comme la paroissienne du Bon-Pasteur, et qu'un médecin trop pressé aurait examinés superficiellement.

M. le Dr Icard, de Marseille, raconte, dans la *Revue Médicale* d'août 1904, un cas de résurrection qui lui fut relaté par son confrère le docteur Goudard et qui se produisit en 1885 dans les circonstances suivantes :

> Une nuit, à 4 heures du matin, je fus appelé, rapporte le docteur Goudard, chez un client d'une soixantaine d'années que je soignais pour une pneumonie double. Quand j'arrivai, on m'annonça que mon malade venait d'expirer ; je fis pendant près d'une heure le possible pour le rappeler à la vie et, de guerre lasse, je me retirai après avoir rédigé le bulletin de décès. Arrivé en bas de l'escalier, je me sentis étreint d'une émotion poignante en songeant à la détresse de sa fille, une vaillante femme que son mari avait abandonnée avec sept enfants et ses bras pour unique ressource. Je remontai et j'appliquai le marteau de Mayor jusqu'à brûler profondément la peau de la région précordiale. Tout à coup, je vis un mouvement des paupières ; je continuai tous les genres de stimulation, si bien que celui que je considérais comme un cadavre ressuscita et finalement guérit. Cet homme reprit sa vie comme par le passé et vécut encore de longues années.

Combien de pseudo-décédés dont le bulletin de décès aura été signé par des médecins moins consciencieux que le docteur Goudard, auraient pu revenir à la vie et ont été ainsi enterrés vivants ! La liste doit en être fort longue ; mais les tombes, dans leurs profondeurs inaccessibles, en conservent pieusement le secret.

Si rare que soit le procédé consciencieux et très humain dont le docteur Goudard a usé à l'égard d'un malade nécessiteux, il n'est pas exceptionnel à en juger du moins par les lignes qui suivent, extraites d'un article paru dans *Le Journal* à la date du dimanche 19 mai 1907, sous la signature du distingué docteur Toulouse :

> Il est inadmissible que l'on mette tant de soin à faire diagnostiquer une maladie chez le vivant et que l'on se désintéresse à peu près complètement de savoir si un individu — dès qu'il paraît avoir rendu le dernier souffle — est réellement décédé. Or, c'est logiquement à ce moment qu'une consultation plus minutieuse devrait avoir lieu ; car le danger de ne plus revenir à la vie n'a jamais été plus pressant. Il l'est tellement, qu'en pratique, cet individu est considéré comme définitivement acquis à la mort.

Or, nous avons vu que cette conséquence n'est point rigoureusement exacte; et, puisqu'il y a quelques très minimes chances de rappeler le sujet à la vie, c'est un devoir étroit que de se rendre le plus exactement compte de son état. Mais, dans notre ignorance des signes de certitude de cette situation ambiguë, ne serait-il pas plus prudent de le considérer comme vivant et d'agir avec cette idée ?

Je conseillerais de traiter toutes les personnes qui ont expiré comme si elles étaient en état de mort apparente et, par la respiration artificielle, les tractions rythmées de la langue et tous les moyens convenables appliqués systématiquement, de tenter de les ranimer. Cette épreuve faite avec soin et patience sur chacun dans un but de traitement serait du même coup une preuve de sa mort réelle.

Voici plusieurs années que je procède de la sorte dans mon service de Villejuif; et quoique aucun de ceux ainsi secourus n'a été ranimé — ce qui m'a permis souvent de calmer avec la force de mon expérience les neurasthéniques obsédés par la crainte d'être enterrés vivants — je crois nécessaire de persister dans cette pratique. Du moment que je ne suis pas scientifiquement sûr que mon malade est mort, j'ai le devoir impératif de le traiter — contre toute apparence — comme vivant.

Le 23 mars 1902, l'officier de l'état civil de la commune d'Argentat enregistrait une déclaration d'où il résultait que la demoiselle Antoinette Rouzeyrol, âgée de 25 ans et demeurant au hameau de Basteyroux, était décédée le matin, à trois heures. Le jour même, ledit officier de l'état civil recevait une autre déclaration confirmant la première et portant que ladite demoiselle était revenue à la vie à 10 heures du matin. Voilà encore une malheureuse qui l'a échappé belle ; d'autant mieux que, dans la commune d'Argentat, les déclarations de décès ne sont appuyées sur aucun certificat médical. Supposons que la demoiselle Rouzeyrol n'ait pu donner signe de vie dans un intervalle aussi rapproché de l'heure de son pseudo-décès, le réveil se serait produit dans le cercueil avec toutes les horreurs d'une situation aussi désespérée.

Le 17 janvier 1903, M. le Dr Icard, médecin à Marseille, dont tout le monde devrait posséder et étudier l'ouvrage si remarquable sur *Le signe de la mort réelle, en l'absence du* ... tait appelé vers 9 heures du matin, dans un des ... lus fréquentés de Marseille, pour constater le ... dame Inglary, lingère, âgée de 29 ans, et origi-

*

naire de Cogolin (Var). Cette femme était morte dans la nuit ; elle était froide et rigide depuis plusieurs heures, affirmaient les gens de l'hôtel. Or, quand le docteur Icard fit sa visite, le corps était redevenu chaud et souple, et le pouls était assez facile à reconnaître. Sous l'action d'un traitement énergique, la pseudo-morte reprit vite connaissance et elle se mit à causer avec son médecin au grand ébahissement des employés de l'hôtel qui parlaient déjà de mise en bière, de service funèbre et d'enterrement.

M. Henri de Parville, dans sa *Revue des Sciences* du *Journal des Débats*, toujours si bien documentée, si actuelle et si vivante, fait suivre la constatation de ce cas de résurrection des réflexions suivantes, empreintes de la plus grande sagesse :

Un décès dans un hôtel est toujours un événement fâcheux pour le propriétaire ; on va vite : il faut se débarrasser du mort. Que serait-il advenu dans la circonstance si le médecin, trop complaisant pour l'hôtelier, eût signé le certificat sans examen ou si le certificat n'eût pas été exigé, comme dans certaines villes, par le bureau de l'état civil ? L'infortunée aurait échappé difficilement à l'effroyable perspective d'être enterrée vivante.

Mais, me dira-t-on, les médecins de l'état civil ne signent jamais leur bulletin de décès sans avoir, au préalable, examiné la personne signalée comme défunte. C'est peut-être exact, pour certains, répondrai-je, mais ce n'est pas absolument exact pour tous ; exemple, le cas suivant dont j'ai été le témoin personnel : Un ami était décédé dans une des grandes maisons de santé de Paris, à la suite d'une opération. Nous nous relayâmes à plusieurs, pour faire la veillée du corps, en attendant la mise en bière, et au moment de procéder à ce soin, l'un d'entre nous demanda si le médecin de l'état civil était venu procéder à ses constatations ; chacun de ceux qui avaient veillé le corps de l'ami répondit par la négative, cependant que l'infirmière de garde assurait que la visite avait eu lieu. Pour avoir la clé de ce mystère, je descendis aussitôt chez l'administrateur de l'établissement, qui m'apprit que le médecin de l'état civil était venu procéder aux constatations d'usage, mais que, suivant les habitudes de la maison, il avait rédigé son bulletin de décès d'après les seules indications fournies par un des médecins de l'établissement.

Dans l'espèce, cette flagrante irrégularité n'était pas de grande conséquence car le décès n'avait absolument rien de suspect, et, d'autre part, nous nous étions nous-mêmes assurés de sa réalité, ayant tous pour habitude de ne laisser enlever un des nôtres qu'après avoir recueilli les preuves non équivoques d'une décomposition manifeste. Mais dans bien des cas une telle négligence de la part du médecin de l'état civil pourrait entraîner des conséquences fâcheuses, notamment dans le cas où la mort aurait été le résultat d'une erreur, d'une faute grave, d'une malveillance, peut-être ; hypothèses improbables, sans doute, mais non pas impossibles.

Je ferai remarquer, en passant, que l'exemple que je viens de citer a été pris à Paris où il y a un service d'état civil organisé et inspecté. Quels dangers ne court-on pas dans les localités où il n'y a pas de contrôle d'état civil organisé et où, par conséquent, en cas de faute opératoire, le chirurgien responsable a toute latitude pour se débarrasser prestement et sommairement d'un témoin gênant ! Or, ces localités sont l'immense majorité à en juger par le tableau qui suit :

État des villes dotées d'un service municipal de vérification des décès :

Paris, Ancenis, Aix-en-Provence, Besançon, Bordeaux, Dijon, Le Havre, Lille, Limoges, Nancy, Nice, Montpellier, Toulouse et Tours.

État des villes où il n'y a pas de service municipal de vérification des décès, mais où ceux-ci ne sont reçus que sur la production d'un certificat médical (1) :

Angers, Brest, Grenoble, Lyon, Marseille, Nantes, Nîmes, Rennes, Rouen, Saint-Brieuc, Saint-Etienne et Toulon.

**

Ainsi, écrit M. de Parville, dans toute la France, sur 36.056 communes, il s'en trouve à peine quelques-unes (26) où l'on se préoccupe avant d'enterrer quelqu'un d'avoir la preuve qu'il est mort. N'est-ce pas vraiment

---

(1) *Journal des Débats*, « Revue des Sciences », n° du 21 février 1907.

un fait extraordinaire en l'an 1907? Les maires n'ont évidemment pas conscience de l'indifférence qu'ils professent pour la vie de leurs concitoyens. ·

Certains médecins, très rares heureusement, font preuve de la même indifférence, notamment ce médecin dont parle le Dr Icard, dans le savant ouvrage que nous avons cité plus haut, qui, appelé auprès d'un enfant malade et ayant jugé le cas désespéré, signa, par avance, le certificat de décès en confiant à la mère le soin d'indiquer l'heure de la mort dans un *blanc* laissé à cet effet. L'enfant vécut quelque temps encore avec son bulletin de décès tout préparé dans un tiroir.

Le drame de La Ricamarie (3 janvier 1905) a causé, à l'époque, une émotion considérable, d'autant plus considérable que *La Ricamarie* n'est pas une méchante petite bourgade perdue dans les hauteurs semi-inaccessibles de quelque province reculée, mais bien un gros bourg de 8.000 habitants, presque une ville, où, détail à retenir, plusieurs praticiens exercent la médecine. Or, voici, d'après un journal de la région, le récit de ce drame affrayant :

A La Ricamarie, un drame horrible s'est produit qui provoquera, quand le public en aura connaissance, une vive émotion, car il a été tenu soigneusement caché jusqu'ici.

Le 3 janvier dernier (1905), un jeune homme nommé Choveaux, âgé de 18 ans, sujet à des crises épileptiques, s'affaissait soudain et ne donnait plus signe de vie. La famille et son entourage, persuadés que le malheureux était mort, firent les préparatifs funèbres. L'enterrement eut lieu sans qu'un médecin ait vu le cadavre; donna-t-on même le permis d'inhumer? Et pourtant, Ricamarie est une ville de 8.000 habitants.

Trois ou quatre jours après l'inhumation, le fossoyeur qui creusait une tombe dans le cimetière, non loin de la place où avait été enterré Choveaux, crut entendre des gémissements. Fait épouvantable, ces gémissements furent poussés pendant trois jours de suite, et le fossoyeur, d'intelligence obtuse, ne s'en inquiéta pas et continua son travail. Cependant, il en parla à des voisins, tant et si bien que, onze jours après la mort, le Maire et la gendarmerie se transportèrent au cimetière et firent ouvrir le cercueil de Choveaux. Celui-ci, mort enfin, était étendu sur le côté droit, presque retourné sur le ventre, et l'on constata que, pendant son atroce agonie de trois jours, l'infortuné, las de crier vainement, affolé par la faim et la soif, avait à demi dévoré ses ongles.

Il y a peut-être quelque exagération dans ce récit volontairement ou inconsciemment dramatisé. Il paraît, en effet, assez invraisemblable qu'un fossoyeur, si inintelligent qu'il soit, ne se décide qu'après trois jours de réflexions à faire part à des amis des bruits insolites et d'appels déchirants provenant de dessous terre.

D'autre part, un homme, même très jeune, peut-il vivre pendant trois jours enfermé dans un cercueil? J'en doute et, cette fois, je suis assez porté à croire, avec le distingué Dr Toulouse, que « les relations d'inhumations où les cadavres ont été trouvés les poings rongés sont quelquefois des histoires macabres, nées du cerveau de commères inventives, et transcrites par des reporters à bout de copie sensationnelle ».

Néanmoins, je tiens à rappeler que le drame de La Ricamarie, reproduit et commenté par toute la Presse française, n'a donné lieu à aucun démenti officiel ou autre malgré le vif intérêt qu'avait la municipalité Ricamariote à ne pas laisser accréditer une légende aussi nuisible à sa réputation de ville civilisée.

D'autre part, la précision dans les détails du drame, le nom de la victime, son âge, la nature de sa maladie, tout nous porte à croire que dans le récit ci-dessus il y a un fond de vérité incontestable,

Néanmoins, malgré les précisions de ce genre, beaucoup de bons esprits demeurent sceptiques et veulent ranger les faits d'inhumations précipitées dans la catégorie des histoires de revenants. Leur scepticisme s'appuye sur des arguments de cette sorte : Dans certains pays, en Allemagne, par exemple, on a institué des *Obitoires* ou *Obituaires*, salles de dépôt mortuaire, antichambre du cimetière où les cercueils ouverts demeurent provisoirement, en attendant qu'apparaissent les signes manifestes, irrécusables de la mort. Or, dit-on, il ne s'est jamais produit, dans ces Obitoires, de ces résurrections imprévues qui effrayent tant l'imagination populaire. D'où cette conclusion que le diagnostic de mort ne comporte pas d'erreur et qu'il ne faut pas croire aux histoires de gens enterrés vivants.

A cette argumentation, il serait facile de répondre :

1º Qu'il se peut fort bien qu'en Allemagne, où tous les règlements sont observés avec une discipline rigoureuse et où l'on est plus consciencieux en général, mettons moins léger et moins fantaisiste que chez nous, il y ait peu ou point d'erreurs de diagnostic de mort, alors que chez nous, où l'on traite les règlements avec une certaine désinvolture, il sera permis d'en constater quelques-unes, sinon beaucoup.

2º Qu'il n'est pas si bien prouvé qu'aucune résurrection ne se soit jamais produite dans les Obitoires allemands, témoin le cas de ce jeune enfant qui, le 13 juin 1903, fut ramené chez ses parents, pour y mourir, il est vrai, le soir même (ce cas est relaté par le Dr Icard, qui avoue d'ailleurs n'avoir procédé qu'à une enquête sommaire sur les erreurs de diagnostic de mort en Allemagne).

3º Que l'institution des *Obitoires* ne se serait pas maintenue en Allemagne si la nécessité n'en avait pas été reconnue.

4º Qu'enfin, toutes les erreurs de diagnostic sont possibles, même de la part de médecins expérimentés, et qu'elles demeurent probables lorsque le diagnostic est confié, comme chez nous, à des officiers de l'état civil qui, le plus souvent, ne possèdent pas les plus élémentaires notions de physiologie et ignorent même le nom de cette science.

D'autres ont été amenés à contester la véracité d'épisodes dans le genre de celui de La Ricamarie, en rappelant à ce sujet une opinion souvent émise par le regretté professeur Brouardel. Il paraît, en effet, que l'ancien doyen de la Faculté de médecine de Paris racontait à qui voulait l'entendre que, pendant de longues années, il s'était astreint à écrire au maire de chacune des communes où les journaux avaient signalé avec plus ou moins de fracas la triste aventure de malheureux enterrés vivants. Or, concluait le professeur Brouardel, je n'ai jamais obtenu la confirmation de la nouvelle à sensation reproduite par les journaux.

Nous nous permettrons de faire remarquer que le procédé employé par l'éminent professeur était un peu risqué, car, neuf fois sur dix, les accidents d'inhumations sont dus à la négligence ou à l'ignorance des maires, qui n'ont pris aucune précaution essentielle pour s'assurer de la réalité des décès. Dans ces conditions, il paraît assez naturel qu'un officier de l'état civil qui a commis une faute grave ne se charge pas lui-même et réponde d'une façon plus ou moins évasive aux questions qui lui sont posées au sujet de son impéritie ou tout au moins de son impardonnable légèreté. D'autant mieux qu'il y a cent formules administratives toutes préparées pour répondre à côté ou pour éluder la difficulté. Il semblerait donc que l'ancien doyen de la Faculté de médecine de Paris eût été mieux inspiré en écrivant d'abord au journal, propagateur de la nouvelle, pour connaître la ou les sources de l'information, en faisant ensuite une enquête sommaire auprès des parents ou amis de la victime. Ce n'est qu'après avoir réuni, en un dossier plus ou moins volumineux, les dires de chacun qu'il conviendrait de s'adresser au maire. Mais, pourrait-on dire avec le proverbe : « Qui n'entend qu'une cloche n'entend qu'un son. » On ne doit se faire une opinion qu'après avoir entendu toutes les parties.

Pour revenir à la manière fantaisiste dont certains officiers de l'état civil conçoivent leurs devoirs en matière d'inhumation, je citerai le cas de ce magistrat municipal qui, pour exercer une profession très scientifique, n'en prenait pas moins fort à son aise avec les règlements en matière d'inhumation. Témoin l'aventure suivante qui s'est passée, il y a quelques années, dans un canton limitrophe du département de la Seine où j'étais juge de paix. Si je signale le voisinage du département de la Seine, c'est pour bien indiquer qu'il ne s'agit pas d'un canton rural, ou du moins exclusivement rural, mais bien d'une circonscription administrative où le voisinage de Paris (14 ou 15 kilomètres à peine) et la fréquentation des Parisiens apporte presque quotidiennement des éléments de civilisation et des idées de progrès.

Voici, en deux mots, l'affaire. Une femme, âgée d'environ 75 ans, décède un lundi dans la soirée ; la déclaration de décès est faite à la mairie le lendemain, dans la matinée ; dans l'après-midi, les héritiers vont voir le notaire de la , après explications de celui-ci, on décide que l'on démarche auprès du juge de paix pour obtenir l'apposition des scellés au domicile mortuaire. Le surlendemain du décès, le mercredi, ma journée étant prise, je ne puis aller apposer les scellés, mais le jeudi matin je me présente avec le greffier au domicile de la défunte, un peu avant 10 heures, et je constate, non sans quelque étonnement, que le corps est encore sur son lit, bien que le décès remonte à près de trois jours et que le service funèbre doive être célébré dans une heure.

Les héritiers m'expliquent alors que l'on attend le médecin traitant de la défunte pour signer le bulletin de décès ; que ce médecin est établi au chef-lieu de canton ; qu'il a été prévenu l'avant-veille et que son retard est même assez inexplicable. N'ayant pas à me mêler de cet incident, je procède à mes opérations et à la rédaction de mon procès-verbal ; le tout était terminé vers 11 heures. Les personnes invitées au convoi funèbre commençaient à affluer ; le menuisier attendait avec son aide pour procéder à la fermeture du cercueil, et le médecin ne venait toujours pas. Interrogé par un membre de la famille, je lui donnai le conseil d'aller trouver l'adjoint, que je savais de service à la mairie ce matin-là, en l'absence du maire, et de lui demander de faire constater le décès par le médecin de la localité.

Quelques minutes après, mon homme revenait en courant pour m'apporter la réponse de l'adjoint, que je reproduis textuellement : « *Je ne vous dis pas de faire procéder à l'inhumation sans permis d'inhumer, mais si vous procédez ainsi, je vous déclare que je n'y vois aucun inconvénient et que je ne m'y oppose pas.* »

D'un bond, je saute à la mairie, je fais à l'adjoint de justes observations, je le confonds, non sans peine, et j'obtiens l'envoi immédiat du médecin de la localité pour constater le décès.

Quant à l'argument de l'officier de l'état civil pour justifier son attitude incorrecte, il consistait à dire et à répéter que l'usage était, dans sa commune, de faire constater le décès par le médecin traitant. J'eus toutes les peines du monde à lui démontrer : d'abord, qu'en principe, il valait bien mieux faire constater le décès par un médecin autre que le médecin traitant, et ensuite, qu'en cas d'absence du médecin traitant, il fallait appeler un médecin quelconque de la localité ou d'ailleurs, plutôt que de donner l'exemple d'une si grave indifférence et même d'une si grande légèreté.

Et cet adjoint était un homme instruit, et cela se passait dans un gros bourg de la banlieue parisienne. De quelles négligences doit-on se rendre coupable dans les petites localités perdues dans les provinces reculées !

Continuant la série des inhumations précipitées, je citerai certains cas qui se sont produits en 1907 et qui ont fait, comme on dit, le tour de la presse.

I. — Dans les environs d'Angoulème, un ancien sous-officier, qui avait fait la campagne de 1870-71, et qui partageait avec un camarade une cabane à l'écart de toute agglomération, décède dans la nuit, au mois de janvier. Au jour, le camarade court à la mairie pour faire la déclaration du décès. On lui délivre alors le permis d'inhumer et toutes les dispositions sont prises pour des obsèques prochaines. Mais voilà qu'en revenant dans la cabane, notre homme constate que, depuis son départ, le mort a changé de position, et que, laissé étendu sur le dos, on le retrouve couché sur le côté. Il s'approche alors de lui, l'appelle, le secoue, le bouscule en tous sens, tant et si bien que le mort finit par entr'ouvrir les yeux, les ouvrir tout à fait, puis demander à son compagnon ce que veut dire tout ce remue-ménage. On lui explique alors ce qui s'est passé ; le ressuscité ne manifeste aucun étonnement et se met à raconter que pareille aventure lui est déjà arrivée, mais que, cette fois, il s'était réveillé dans son cercueil, au moment précis où on le descendait dans la fosse ; que, s'étant mis à crier et à s'agiter désespérément, on l'avait aussitôt remonté à la surface pour le délivrer de son étroite prison.

II. — Le 14 janvier 1907, un sieur Philippe Marbois, habitant la commune de Gysoing, près de Lille, tombe en catalepsie ; on fait venir le médecin qui, sans doute, conclut à un accident mortel ; toujours est-il que trois jours après la visite du médecin on procédait à l'inhumation ; mais comme la terre était gelée à cause du froid intense qui sévissait alors, la fosse ne put être creusée qu'à une petite profondeur. Sept jours plus tard, le dégel étant survenu, comme il devenait possible de creuser la fosse à la profondeur réglementaire, le fossoyeur avait déjà mis le cercueil à découvert, quand il crut entendre le bruit de gémissements étouffés. Il appelle, on vient à son aide ; on s'empresse d'ouvrir le cercueil ; on en sort l'infortuné Marbois, qu'on transporte en toute hâte dans une maison voisine. On le réchauffe, on le ranime si bien que, quelques heures après, Marbois regagnait son domicile où il ne tardait pas à revenir tout à fait à la vie et à reprendre son existence accoutumée.

III. — Le mois suivant (février 1907), les journaux reproduisaient l'odyssée de ce maire du département de l'Hérault, qui venu à Béziers, y était tombé malade et y était mort subitement ou, du moins avait été considéré comme tel. On prévient la famille qui accourt précipitamment, qui obtient le certificat de décès sans la moindre difficulté et fait tous les préparatifs nécessaires au transport du corps. Ceux-ci heureusement sont assez longs pour permettre au mort de ressusciter avant d'être enfermé dans un cercueil dûment plombé où, au moment du réveil terrifiant, les cris et les appels désespérés auraient été étouffés. Il faut espérer que ce maire, après l'avoir échappé belle, de retour dans sa mairie aura pris les dispositions nécessaires pour que ses administrés ne soient plus désormais exposés à être les victimes de criminelles négligences.

Un mot seulement pour signaler que Béziers est une ville de plus de 50.000 habitants ; on s'attendrait à trouver un peu plus de civilisation dans un centre de cette importance.

IV. — Vers le milieu de l'année 1907, la presse s'est fait l'écho de deux inhumations précipitées, dont les conséquences ont été fatales pour ceux qui en ont été victimes. La première concerne un vieillard qui venait d'être descendu dans la fosse que le fossoyeur achevait de combler, quand il entendît un bruit sourd et confus qui semblait sortir de terre. Intrigué par ce bruit insolite, le fossoyeur va chercher un voisin qui ayant, à son tour, prêté l'oreille, émet l'avis que c'est le vieillard qu'on vient d'enterrer qui appelle et qui crie. Aussitôt on court prévenir le maire, on ramène des hommes munis de cordes, cependant que le fossoyeur déblaye la fosse qu'il venait à peine de combler. Le cercueil est enfin remonté; on l'ouvre, et l'on trouve le vieillard inanimé, la face horriblement convulsée. Un médecin, qu'on était allé chercher en toute hâte, arrive enfin, constate que le cœur bat encore et aidé des personnes présentes à l'ouverture du cercueil entreprend de procéder à la respiration artificielle, aux tractions rythmées de la langue en même temps qu'à des frictions énergiques des extrémités inférieures. Mais rien n'y fit et le vieillard, épuisé par une effroyable agonie, ne tarda pas à s'éteindre, cette fois définitivement.

V. — Peu après, pareil malheur arrive à une jeune fille dans des circonstances absolument identiques. Le cercueil ramené à la surface et ouvert au milieu d'une émotion indescriptible de la part des parents et des amis de la victime, un médecin, qu'on avait été quérir, saisit le corps de la jeune fille pour le sortir de son atroce prison. Mais, à ce moment, un flot de sang s'échappe de la bouche de la pauvre enfant qui rend son dernier soupir, cette fois sans erreur possible.

VI. — Plus récemment, à la suite d'un accident de chemin de fer, dont les conséquences furent mortelles pour quelques voyageurs et dont tous les journaux français s'occupèrent avec force détails, deux médecins furent appelés à donner leurs soins à une jeune fille qui figurait au nombre des victimes. Après avoir vainement cherché à faire revenir à elle l'infortunée voyageuse, les médecins la laissèrent pour morte et délivrèrent aux autorités compétentes le certificat médical au moyen duquel la famille de la victime obtint le permis d'inhumer. Tout était préparé pour la lugubre cérémonie et le corps de la jeune fille allait être enseveli, quand par bonheur un des assistants remarqua un mouvement presque imperceptible qui éveilla les doutes de quelques-uns et arrêta les préparatifs de l'ensevelissement assez à temps pour permettre à la pseudo-morte de revenir définitivement et complètement à elle, à la grande joie de ses parents.

VII. — J'ai gardé pour la fin de cette série une aventure vraiment extraordinaire, bien faite à tous égards pour démontrer que, même dans les milieux les plus médicaux, on ne prend guère de précautions contre les erreurs possibles de diagnostic de mort. Je veux parler de l'affaire de cette femme en traitement dans un de nos grands hôpitaux parisiens qui, dans le courant de l'année dernière, vint à décéder subitement au milieu de la nuit. Le lendemain matin, le médecin de service, lors de la visite quotidienne avec les internes, externes et élèves attachés au service, s'aperçoit de la disparition de la malade, s'enquiert et apprend qu'elle est décédée. Curieux d'apprendre la cause de ce décès inattendu, le médecin prescrit à son interne de procéder à l'autopsie. Celui-ci s'étant mis en devoir d'obéir aux instructions de son chef, avait à peine entamé la peau de l'autopsiée, pour pratiquer une incision profonde, que la morte se met à pousser des cris épouvantables qui ameutent bientôt tout le personnel de l'hôpital. La résurrection de la malheureuse ne tarde pas à s'ébruiter, le Directeur de l'Administration générale de l'Assistance publique à Paris, M. Mesureur, est saisi de ce douloureux incident ; enquêtes, rapports, circulaire directoriale, etc., etc.

Bref, on découvre que dans les hôpitaux de Paris, dont on vantait à tout propos l'organisation rationnelle et scientifique, aucun médecin ne contrôle les décès ; la détermination de ceux-ci est laissée à l'appréciation d'une infirmière ou d'une surveillante plus ou moins novice et expérimentée, le médecin se bornant à signer le bulletin de décès rédigé par n'importe qui. Il paraîtrait que, depuis la scandaleuse affaire de l'autopsiée vivante, M. Mesureur a mis les choses au point et que l'on va traiter un peu plus sérieusement, désormais, une affaire sérieuse entre toutes.

Ces exemples d'inhumations précipitées que nous venons de rappeler et dont tous les journaux se sont occupés compendieusement au moment où les faits se sont produits ont eu tous quelque localité française pour théâtre ; mais il ne faudrait pas croire qu'à l'étranger les mêmes erreurs de diagnostic ne se produisent pas. Témoins, les deux récits qui suivent que nous extrayons du *Journal des Débats*, « Revue des Sciences », numéro du 21 février 1907.

Le premier concerne un fripier de Bruxelles qui, enterré vivant, put revenir à la vie dans des conditions quasi-miraculeuses. Ce mort récalcitrant a raconté lui-même son aventure dans une notice ainsi conçue :

Je sortais de table après un copieux repas, lorsque je tombai foudroyé par l'apoplexie. Quelques heures plus tard, mes esprits me revinrent ; mais mon corps restait froid et inanimé. Pourtant je distinguais tout ce qui se passait autour de moi, les pleurs et les sanglots de mes parents, l'avis du médecin... je ne perdis pas un seul mot. Je fus couché sur la paille. Un homme vint me mesurer la taille pour me confectionner un cercueil. On m'ensevelit et l'on me porta en terre. Je perdis connaissance. Je restai ainsi quarante-neuf heures sous terre. Au bout de ce temps, je ressentis tout à coup un malaise inexprimable de plus en plus intense ; mes sens, engourdis depuis trois jours, se réveillaient, comme en sursaut. Ma première sensation fut celle que me faisait éprouver la faim. Avant même que mes membres commençassent à remuer, ce mal me dévorait d'une manière affreuse. Bientôt, j'essayai de soulever la tête, puis j'étendis les bras et les pieds et je rencontrai partout un obstacle et un froid glacial qui me raidissait tous les membres. Je tentai de me retourner sans y parvenir. Tout à coup, une idée rapide comme l'éclair traverse mon cerveau ; les souvenirs se groupent et j'eus la notion de mon triste sort. La léthargie venait de finir, je renaissais à la vie au fond d'un cercueil. Je fus pris d'un désespoir frénétique. Je déchirai le linceul et je le mâchai pour calmer ma faim ; de rage, je frappai de la tête l'horrible cage qui m'enserrait.

Puis j'essayai avec les mains et les pieds de faire entrebâiller les planches, mes efforts furent vains. Cependant, après un peu de repos, j'essayai encore. Cette fois les planches cédaient ; la joie me rendait fou. Je me plaçai sur le ventre et je parvins à soulever le couvercle et ensuite à déplacer la terre qni pesait sur moi. Je revis le soleil. Je bénis le ciel de m'avoir fait assez pauvre pour que le fossoyeur ne m'ait creusé qu'une fosse de trois pieds de profondeur, ce qui m'avait permis de me soustraire aux plus effroyables angoisses, aux tortures les plus atroces dont j'avais déjà connu une partie. Je me rendis chez le gardien du cimetière qui, quoique épouvanté de ma présence, s'empressa de me donner quelque nourriture...

L'autre récit, que nous donne M. Henri de Parville, est emprunté au *Journal de Chirurgie de Leipzig*, qui le certifie exact. Il s'agit d'un officier d'artillerie saxon qui, par suite d'une chute de cheval, se fracture légèrement le crâne, entre à l'hôpital où il meurt. On l'inhume un jeudi. Le dimanche suivant, il y a grande affluence de peuple autour des tombes et un rassemblement se forme autour d'un paysan qui raconte à qui veut l'entendre qu'il vient de voir la terre remuer comme si quelqu'animal cherchait à la soulever. On prévient le gardien du cimetière, on apporte des outils, on fouille à l'endroit indiqué par le paysan, on ne trouve ni taupe, ni aucun autre animal de ce genre mais, par contre, ayant mis le cercueil de l'officier d'artillerie à découvert, on constate qu'il est légèrement soulevé. On le fait sauter tout à fait et l'on trouve le corps du malheureux à demi dégagé du linceul, inerte, mais encore tiède. Transporté aussitôt à l'hôpital, l'enterré vivant ne tarda pas à reprendre ses sens et à raconter comment il s'était réveillé dans son cercueil, quelles tortures il avait endurées cependant qu'il entendait au-dessus de sa tête le bruit des pas de la foule qui piétinait autour des tombes.

Fables ! billevesées ! ! que tout cela, nous dira-t-on, bonnes tout au plus pour servir de scénario à quelque sensationnel spectacle du terrifiant théâtre du *Grand Guignol*. Mais, répondrons-nous à nos contradicteurs, reconnaissez avec nous qu'il y a, dans ce qui précède, au moins deux récits dont l'authenticité est hors de toute atteinte, voire même de tout soupçon : je veux parler de l'aventure dont le cardinal Donnet faillit être la victime en 1866, et la fatale méprise qui, l'an dernier, a jeté un véritable discrédit sur l'organisation des hôpitaux parisiens.

Le cas du cardinal Donnet n'est pas niable, puisque le cardinal lui-même l'a conté tout au long à la tribune du Sénat. La méprise du médecin, heureusement, n'a pas eu de conséquence fatale, mais supposons que l'archevêque de Bordeaux ne se soit réveillé que douze ou vingt-quatre heures plus tard, il était à ce moment enfermé et scellé à tout jamais dans un cercueil double ou triple même, comme on en réserve aux grands personnages, si bien que ses appels les plus déchirants n'auraient pu être entendus de qui que ce soit. A cet égard, les malheureux que l'on met en terre entre quatre mauvaises planches sont, dans une certaine mesure, privilégiés si l'on considère qu'en cas de réveil opportun ils peuvent être entendus et, qu'en quelques minutes, on peut briser les parois de leur fragile prison.

En ce qui concerne l'autopsiée vivante, le doute non plus n'est pas permis. Quant à la situation de la victime, elle était des plus critiques : que le chef du service n'ait pas songé à prescrire l'autopsie, c'en était fait de cette malheureuse que l'on enterrait vivante.

Or, on ne peut s'empêcher de conclure, non sans toutes sortes d'apparences de raison. que ce qui est arrivé au cardinal Donnet, en 1866, et a failli arriver à l'autopsiée vivante de 1907, a bien pu arriver à d'autres personnes qui n'ont pas eu la chance de se réveiller à temps ou d'être réveillées à temps, et qui ont emporté dans la tombe le secret de leur abominable agonie.

Il est même permis d'affirmer que si une erreur de diagnostic aussi grave est commise dans un hôpital parisien, un des temples consacrés à la science médicale, où les néophytes et les diacres sont tout au moins teintés de connaissances scientifiques, sinon même imprégnés fortement, il doit s'en être produits et s'en produire encore bien d'autres dans les régions qui ne confinent déjà plus au domaine de la science, c'est-à-dire sur la plus grande surface de notre territoire.

Dans ces conditions sans se laisser frapper par de vaines terreurs, il convient de regarder le danger bien en face et de l'éviter dans la mesure du possible.

*
* *

Nous voici donc ramenés au point d'interrogation que nous posions au seuil de cette rapide étude et qui accompagnait la question suivante : L'art. 77 du Code civil, qui a été conçu pour parer au danger des inhumations précipitées, a-t-il répondu au vœu de ses auteurs et pouvons-nous affirmer qu'on en a enfin fini avec les erreurs d'inhumations ? Nous sommes bien obligés de répondre par la négative, en nous appuyant sur les faits d'inhumations précipitées reproduits ci-dessus et dont il est permis de déduire par hypothèse bien d'autres faits demeurés inconnus.

Il convient dès lors de considérer l'art. 77 comme inefficace et, sans tarder, d'entreprendre de le modifier.

L'inefficacité de l'art. 77 ne surprendra personne quand on se sera bien convaincu que le diagnostic de mort est un fait essentiellement scientifique qu'il est absurde d'abandonner à la détermination de personnes incompétentes.

On croit généralement, dans le public, qu'un individu est mort parce qu'il ne bouge plus, parce que ses membres sont raidis et froids, et que les pulsations ne sont plus perceptibles ; c'est une erreur grossière. Cet individu peut présenter toutes les apparences de la mort sans être nécessairement en état de mort. Il est certes en danger de mort, il est peut-être même en voie de mourir. mais il n'est pas mort par cela seul qu'il offre les caractères de rigidité et de frigidité que nous indiquions plus haut.

Dans ces conditions, le diagnostic de mort est très délicat à établir et il embarrasse tous les médecins consciencieux. Le Dr Toulouse, dans l'article du *Journal* auquel nous faisions allusion plus haut, écrit à ce sujet :

Rien n'est plus difficile que de poser en toute sûreté le diagnostic de la mort réelle. Voici un individu qui, au cours d'une maladie, ou subitement, semble cesser de vivre. La respiration s'arrête : la circulation ne se fait plus, et le cœur n'est pas perceptible. Les sens deviennent inexcitables, et les muscles sont en résolution complète. C'est le tableau de la mort; mais c'en est aussi l'image trompeuse. Il est des sujets qui ont passé par cet état et qui sont revenus, après un temps plus ou moins long, à la pleine activité de la vie.

En vérité, quand un homme succombe, il tombe toujours dans une situation intermédiaire entre la vie et la mort. Ce n'est plus la vie complète, puisqu'il n'en manifeste plus les activités extérieures, et ce n'est pas encore la mort complète, puisqu'il peut revenir à l'existence. Ainsi, des noyés, des asphyxiés, après être restés dans cet état pendant une heure et plus, ont été ranimés à la suite de manœuvres prolongées de respiration artificielle, sans lesquelles il est vraisemblable qu'ils ne se seraient pas réveillés.

Il est peut-être vraisemblable, en effet, que des personnes enterrées vivantes ne puissent jamais se réveiller, parce qu'il n'aura pas été possible de stimuler artificiellement leurs sens engourdis, mais il est possible néanmoins qu'elles se réveillent d'elles-mêmes, comme le cardinal-archevêque de Bordeaux en 1866, et, l'an dernier, ce maire d'une commune de l'Hérault qui faillit être mis en bière à Béziers, etc., etc., et, dans ce cas, les erreurs de diagnostic peuvent avoir des conséquences terribles.

Quoi qu'il en soit, ce qu'il importe de retenir de l'opinion émise plus haut par le distingué Dr Toulouse, c'est qu'en dehors du phénomène de décomposition, le médecin ne dispose d'aucune manifestation extérieure permettant d'établir l'état de mort d'une façon absolue et certaine ; en attendant que le phénomène de décomposition se produise, le médecin ne peut formuler qu'un simple diagnostic, sujet, comme tout diagnostic, à revision et même à modification totale.

Quant aux officiers de l'état civil, sauf ceux qui sont médecins ou physiologistes, ils ne peuvent même pas ébaucher un diagnostic ; l'opinion qu'ils émettent au sujet de la mort d'un de leurs administrés n'a aucune valeur comme ne reposant sur aucune donnée scientifique, même approximative. Et pourtant, l'art. 77 de notre Code civil admet l'hypothèse d'une inhumation régulière, justifiée par la seule constatation d'un magistrat municipal. C'est absurde et monstrueux ; j'ajouterai même que c'est incohérent. En effet, le maire ou l'adjoint d'une commune se refusera à vous délivrer un certificat établissant que vous êtes aveugle, ou même simplement éclopé, ou encore que vous souffrez d'une fluxion odontalgique ; il excipera de son incompétence. Par contre, ce même officier de l'état civil redevient pleinement compétent et autorisé pour déclarer que vous êtes mort et vous faire disparaître dans les profondeurs d'une tombe !! Pour une administration publique ou autre, le certificat d'un maire établissant que vous êtes borgne, manchot ou pied-bot est considéré comme inopérant et sans valeur, bien qu'il s'agisse là de faits matériels faciles à constater. Mais la loi nous oblige à nous incliner devant le diagnostic de mort du magistrat municipal, alors que ce magistrat est, scientifiquement parlant, dans l'impossibilité absolue de le formuler.

Après avoir reproduit l'opinion du Dr Toulouse sur l'impossibilité où se trouve le médecin de formuler scientifiquement un diagnostic de mort certaine avant l'apparition des signes de décomposition (opinion d'ailleurs partagée par tout le monde médical), nous ferons connaître sur ce sujet l'avis des physiologistes, en constatant qu'en cette matière, médecins et physiologistes, praticiens et savants, sont pleinement d'accord. Dans son livre si remarquable sur *La Vie et la Mort*, M. A. Dastre, professeur de physiologie à la Sorbonne, s'exprime en ces termes (page 310) :

Ce que le vulgaire et le médecin lui-même entendent par la mort, c'est la situation créée par l'arrêt des rouages généraux : le cerveau, le cœur, le poumon. Si l'haleine ne ternit plus la glace qu'on lui présente, si les battements du cœur ne sont plus perceptibles à la main qui palpe ou à l'oreille qui ausculte, si le mouvement et les réactions de la sensibilité ont cessé de se manifester, ces signes feront conclure à la mort. Mais cette conclusion est un pronostic plutôt qu'un jugement de fait. Elle exprime que le sujet mourra sans rémission et non pas qu'il est mort d'ores et déjà. Pour le physiologiste, le sujet est seulement en train de mourir, le *processus* est engagé. Il n'y a de mort véritable que lorsque la mort universelle de tous les éléments est consommée.

M. Dastre, supposant qu'aucune erreur n'a été commise dans la constatation de l'arrêt simultané du cœur, du poumon et du cerveau, n'accorde pourtant à cette constatation, même scientifiquement contrôlée, que la valeur d'un simple pronostic, autrement dit d'une détermination d'un fait futur. Diagnostic, disent les médecins, pronostic, disent les physiologistes, c'est tout ce qu'il est permis d'établir scientifiquement en présence des arrêts fonctionnels que le vulgaire appelle : mort. Aussi nous sera-t-il permis de dire que l'art. 77 constitue une erreur scientifique très grave et que, si le législateur de 1804 est, dans une certaine mesure, excusable de l'avoir commise, le législateur de 1908, averti par des travaux dans le genre de ceux de M. le Dr Icard, de Marseille, serait impardonnable de ne pas la réparer.

*
* *

Je me permettrai donc d'indiquer ici, très sommairement, les modifications qu'il conviendrait d'apporter à l'art. 77 du Code civil pour le mettre en rapport avec les données actuelles de la science.

Il conviendrait d'abord de faire, en matière de déclaration de décès, la distinction que l'on a établie en matière de déclaration de naissance entre le déclarant et les témoins. Il importe, en effet, d'entourer les formalités relatives aux inhumations et à leurs préliminaires du maximum de garanties possible. Plus on exigera de formalités, moins on aura à redouter d'erreurs d'inhumation.

Je verrais donc un grand avantage à ce que la déclaration de décès ne pût être reçue par l'officier de l'état civil que si elle a été faite par un parent ou un ami du défunt, assisté de deux témoins, lesquels devront déclarer qu'ils ont vu le défunt en état de mort apparente. Je tiendrais beaucoup à l'insertion de ces mots : *mort apparente*, dans la déclaration des témoins pour familiariser ceux-ci avec cette idée qu'il ne faut pas confondre l'état de mort apparente avec celui de mort réelle et définitive, le premier pouvant aboutir à un réveil possible, sinon probable, dont il importe de prévoir l'éventualité. Quant à l'obligation qui serait imposée aux témoins de déclarer qu'ils ont vu le défunt, je lui trouve l'avantage d'attirer l'attention d'un plus grand nombre d'yeux sur le mort présumé, que des parents plus ou moins négligents pourraient avoir rayé du nombre des vivants au premier symptôme de frigidité et de rigidité. N'oublions pas que dans les campagnes, où la vie est parfois difficile, on est souvent obsédé par la survie de grands-parents impotents et encombrants, dont certes on ne se débarrasserait pas par un moyen violent, mais qu'on se hâtera d'enterrer aussitôt qu'on pourra supposer qu'ils sont morts. Je voudrais donc que l'officier de l'état civil, après avoir donné lecture aux témoins de leur déclaration, les avertît de la responsabilité qu'ils encourraient en cas de fausse déclaration et insistât auprès d'eux pour s'assurer qu'ils ont vu, de leurs yeux vu, le défunt ou la défunte en état de mort apparente.

Il conviendrait également d'inscrire dans l'art. 77 l'accomplissement d'une formalité essentielle : la constatation du décès par un médecin désigné spécialement à cet effet par le maire de la commune où s'est produit le décès. Ce sera pour les communes une dépense de plus à inscrire à leur budget ;

mais n'est-ce pas une dépense de première nécessité ? Je suis d'ailleurs convaincu que les municipalités qui votent si facilement des crédits pour subventionner des ripailles de pompiers et autres bombances plus ou moins indispensables, n'hésiteront pas à faire le petit sacrifice nécessaire à l'exécution d'une mesure d'humanité et de sécurité publique.

Quant à l'inhumation, il devrait être bien entendu qu'elle ne pourra avoir lieu que vingt-quatre heures après la signature du certificat de décès. Dans ces conditions, il s'écoulera généralement douze heures entre la mort et la déclaration du décès, six heures entre cette déclaration et la formalité de la constatation médicale, enfin vingt-quatre heures (minimum) entre cette constatation et l'inhumation, soit quarante-deux heures environ, pendant lesquelles, en cas d'erreur de diagnostic de la part du médecin, le réveil pourrait se produire avant la fatale inhumation.

D'ailleurs, pour atténuer encore davantage le danger des inhumations précipitées, il conviendrait d'imposer à toutes les communes une formule de certificat médical, où le signataire déclarerait de la façon la plus formelle qu'il s'est trouvé en présence d'un cas de mort *réelle* (par opposition à la déclaration des témoins qui eux n'auront pu se prononcer que sur un cas de mort apparente). Le médecin devra, en outre, indiquer sommairement dans son certificat les motifs qui l'ont fait conclure à la mort réelle : signes non équivoques de décomposition, expériences d'après les procédés du Dr Icard, stimulations diverses, etc., etc. Enfin le médecin devra déterminer aussi exactement que possible la nature de la maladie qui a provoqué la mort. Ceci notamment pour permettre aux ayants-droit (hypothèse d'un accident du travail, par exemple), de rattacher la mort à un événement extérieur et d'obtenir certains avantages prévus par les lois.

En résumé, l'art. 77 pourrait être ainsi rédigé :

« Aucune inhumation ne pourra être faite sans une auto-
« risation sur papier libre et sans frais de l'officier de l'état
« civil, qui ne pourra la délivrer qu'après avoir reçu la décla-
« ration d'un parent ou ami du défunt assisté de deux
« témoins pris comme il sera dit en l'article ci-dessous ;

« lesquels témoins affirmeront avoir vu ledit défunt en état
« de mort apparente. L'autorisation de l'officier de l'état
« civil ne pourra, en outre, être délivrée qu'en conformité
« d'un certificat sur papier libre, rédigé par un médecin
« désigné par ledit officier de l'état civil. Dans ce certificat,
« le médecin indiquera qu'il a constaté un cas de mort réelle ;
« il y sera également fait mention des signes ou expériences
« qui auront permis au médecin de conclure à la mort réelle
« ainsi que de la nature probable de la dernière maladie.
« L'inhumation ne pourra avoir lieu que vingt-quatre heures
« après la délivrance du certificat médical, hors les cas prévus
« par les règlements de police. »

Ces cas exceptionnels sont prévus par le Décret du
27 avril 1889, dont l'art. 1er est rédigé comme suit : « L'officier
« de l'état civil peut, s'il y a urgence, notamment en cas de
« décès survenu à la suite d'une maladie contagieuse ou
« épidémique, ou en cas de décomposition rapide, prescrire,
« sur l'avis du médecin par lui commis, la mise en bière
« immédiate, après la constatation officielle du décès, sans
« préjudice du droit d'ordonner la sépulture avant l'expira-
« tion du délai fixé par l'art. 77 du Code civil. »

La préoccupation d'hygiène publique qui a inspiré la
rédaction du Décret de 1889 est tout à fait louable, et nous
nous garderons bien de critiquer le principe de ce document
administratif. Nous nous bornerons à faire observer qu'en cas
d'épidémie ou de maladie contagieuse, certains médecins
sont un peu trop enclins à se débarrasser des morts pour
protéger les vivants et, dans un but de prophylaxie fort
légitime d'ailleurs, peuvent être entraînés à commettre des
erreurs de diagnostic et à occasionner des inhumations précipitées ; d'autant plus facilement qu'en temps d'épidémie les
neurasthéniques et, en général, toutes les personnes ner-
veuses et facilement impressionnables, sont exposées à
tomber dans des états de syncope et de catalepsie bien
faits pour tromper les médecins et faire croire à des
attaques foudroyantes du mal régnant, dont l'idée obsède
les cerveaux les plus sains. Dans ces conditions, il serait
prudent d'intercaler dans le texte de l'art. 1er du Décret

du 27 avril 1889, ou plutòt d'y ajouter, la phrase suivante :

« La mise en bière ne sera tolérée qu'après que le médecin
« commis par l'officier de l'état civil aura procédé à des
« expériences permettant de ne pas douter de la réalité du
« décès. Le médecin, dans l'avis qu'il transmettra à l'officier
« de l'état civil, devra faire mention de la nature de ces
« expériences. »

*
* *

De la sorte, il semble bien que notre législation sera un peu plus conforme aux notions scientifiques actuellement en cause. Nous avons vu, en effet, par ce qui précède, que le diagnostic de mort est douteux, tant que le phénomène de décomposition ne s'est pas manifesté ; les médecins les plus expérimentés le déclarent de la façon la plus formelle. Il est donc pour le moins imprudent de confier à de simples officiers de l'état civil le soin d'établir le diagnostic le plus délicat en même temps que le plus grave d'entre tous les diagnostics.

Il ne faut pas hésiter à déclarer que notre article 77 constitue une anomalie, voire même une hérésie scientifique et il serait à souhaiter que la grande Commission qui s'est attelée au travail de revision du Code civil daigne s'occuper d'une question si angoissante pour certains et si intéressante pour tous. Chacun, en effet, est exposé, en voyage, dans un hôtel, loin des siens, ou même chez soi, si l'on est entouré de personnes ignorantes, voire seulement négligentes, à tomber en syncope ou en catalepsie et à être déclaré mort, parce que les mouvements des organes sont momentanément arrêtés, que le corps est raide et froid. Vingt-quatre heures après cet accident, on peut être inhumé et le réveil peut se produire de lui-même avec son cortège de souffrances et d'horreurs. Certes, il est possible que des gens enterrés vivants ne se réveillent pas et passent ainsi de vie à trépas dans la nuit d'un cercueil impénétrable ; mais le contraire est également possible et cette hypothèse, si cruelle et si horrible à concevoir, semble bien devoir justifier, quand même elle serait rare, très rare, les mesures fort simples que nous avons préconisées au cours de cette étude rapide et sommaire.

Par humanité, par esprit de solidarité et dans une pensée de progrès social et scientifique, il ne faut pas hésiter à entourer les inhumations d'une infinité de garanties et de précautions. Songeons surtout aux pauvres gens qui, à la suite d'un accident de froid ou d'inanition, peuvent tomber en syncope, qui n'ont ni parents, ni amis éclairés, ni médecins pour les défendre contre le danger d'une inhumation précipitée et qui sont ainsi exposés à faire la terrible expérience d'un affreux réveil au fond d'un tombeau.

APPENDICE

Depuis la préparation du travail qui précède, un nouvel exemple de diagnostic de mort erroné est venu s'ajouter à la liste des accidents d'inhumation que nous avons donnée plus haut, en même temps qu'il confirmait les conclusions de notre thèse.

On pouvait lire, en effet, dans les journaux parisiens portant la date du 5 janvier 1908, l'information suivante que nous reproduisons textuellement :

L'enterrement d'une dame, Berthe G..., âgée de 48 ans, devait avoir lieu hier à Aubervilliers. Les lettres de faire part avaient été envoyées et de nombreux amis arrivaient, vers 2 heures de l'après-midi, à la porte de la maison mortuaire ; à leur grande surprise, ils ne trouvèrent aucune tenture, aucune exposition de corps. En se renseignant, ils apprirent que Mme G..., morte jeudi, venait de ressusciter. Elle avait été seulement en léthargie.

Du court récit qui précède, il semble bien résulter qu'il y a eu déclaration de décès faite par les parents de la défunte qui, une fois de plus, ont confondu la mort apparente avec la mort réelle. Il est en effet d'usage de ne commander les billets de faire part qu'après avoir rempli toutes les formalités relatives à la déclaration du décès. L'erreur des parents est apparue, sans doute, lorsque le médecin de l'état civil est venu procéder à ses constatations ; à moins qu'il n'y ait eu, aussi, erreur de diagnostic médical et que l'état de mort apparente n'ait été révélé que par le brusque réveil de la pseudo-défunte. L'une et l'autre hypothèse justifient d'ailleurs les précautions que nous proposons d'édicter pour éviter toute confusion entre la mort apparente et la mort réelle, d'autant mieux que les cas de léthargie sont bien plus fréquents qu'on ne le croit, si bien que lorsque la personne tombée en léthargie ou en simple syncope prolongée n'est pas examinée minutieusement par un médecin très consciencieux, elle risque fort d'être prise pour morte et d'être enterrée vivante.

A ce propos, nous extrayons d'un journal parisien l'entre-filet suivant qui nous révèle un cas de mort apparente qui a failli être confondue avec la mort réelle :

CHERBOURG, 23 janvier. (*Par dépêche de notre correspondant particulier.*) — Un cas singulier de maladie du sommeil vient d'être constaté à Cherbourg. Une débitante de la rue des Fossés, Mme Poulain, âgée de trente-cinq ans, a été prise, jeudi dernier, d'une sorte d'évanouissement, dont la durée et le caractère ont fait croire à une mort subite. M. Poulain fit appeler le docteur Le Duigou, qui examina minutieusement la débitante. Le médecin constata que le cœur battait encore et la faible chaleur que conservait le corps lui permit de conclure que Mme Poulain venait d'être prise d'une sorte d'accès de léthargie qui pouvait se prolonger quelques jours.

La famille, rassurée, entoura la dormeuse des soins les plus empressés. On lui fit absorber un peu de nourriture. Dimanche, enfin, Mme Poulain fit un mouvement ; son visage livide reprit des couleurs ; elle essaya, mais en vain, d'ouvrir les yeux. A peine prononça-t-elle quelques mots, ce qui lui fut difficile. On parvint à la questionner ; elle se plaignit de son état présent, mais ne put rappeler ses souvenirs. Les docteurs émettent sur ce cas étrange des avis partagés.

Si l'accident léthargique de la dame Poulain, au lieu de se produire dans une ville importante et civilisée comme Cherbourg, était survenu dans l'une de ces nombreuses localités où il n'y a pas de médecin et où il n'est pas d'usage de faire constater le décès par le médecin d'une localité voisine, la pauvre femme, considérée à tort comme morte, était infailliblement enterrée vivante !

ARGENTEUIL, IMPRIMERIE JULES MOREAU, 9, RUE DE LA LIBERTÉ